Terjemahan Dan Makna

Surat 19 Maryam (Siti Maryam) Virgin Mary

Edisi Bilingual

Standar Version

by

Jannah Firdaus Mediapro

2020

Prolog

Terjemahan Dan Makna Surat 19 Maryam (Siti Maryam) Virgin Mary Edisi Bilingual Standar Version.

Surah Maryam (bahasa Arab: مريم Maryam, "Maryam") adalah surah ke-19 dalam al-Qur'an. Surah ini terdiri atas 98 ayat dan termasuk golongan surah-surah Makkiyah karena hampir seluruh ayatnya diturunkan sebelum Nabi Muhammad SAW hijrah ke Madinah, bahkan sebelum sahabat-sahabat dia hijrah ke negeri Habsyi. Menurut riwayat Ibnu Mas'ud, Ja'far bin Abi Thalib membacakan permulaan surah Maryam ini kepada raja Najasyi dan pengikut-pengikutnya di waktu ia ikut hijrah bersama-sama sahabat-sahabat yang lain ke negeri Habsyi.

Surah ini dinamai Maryam, karena surat ini mengandung kisah Maryam (atau Maria dalam agama Nasrani), ibu dari Nabi Isa AS. Surah ini menceritakan kelahiran yang ajaib, di mana Ia melahirkan Isa AS sedang ia sebelumnya belum pernah digauli oleh seorang laki-laki. Kelahiran Isa AS tanpa ayah, merupakan suatu bukti kekuasaan Allah SWT. Pengutaraan kisah Maryam sebagai kejadian yang luar biasa dan ajaib dalam surah ini, diawali dengan kisah kejadian ajaib lainnya, yaitu dikabulkannya doa nabi Zakaria AS oleh Allah SWT, di mana ia ingin dianugerahi seorang putra sebagai pewaris dan penerus cita-cita dan kepercayaannya.

Isi kandungan Surat Maryam

Keimanan: Allah berbuat sesuatu menurut yang dikehendaki-Nya sekali pun ia menyimpang dan hukum-hukum alam; Isa A.S. bukan anak Allah kerana mustahil Allah mempunyai anak; Jibril AS turun kepada rasul-rasul membawa wahyu atas perintah Allah; pada hari kiamat orang kafir menghadap Allah dengan sendirinya, semua manusia akan menghadap Tuhan sebagai hamba.

Kisah-kisah: Allah mengabulkan doa Zakaria A.S. untuk memperolehi anak; kisah kelahiran Isa A.S. tanpa ayah; kisah Ibrahim A.S. dengan bapanya; Musa AS seorang yang dipilih oleh Allah; Ismail A.S. seorang yang benar dalam janjinya; Idris A.S. seorang yang sangat kuat kepercayaannya.

Dan lain-lain: Ancaman terhadap orang yang meninggalkan solat dan mengikuti hawa nafsunya serta khabar gembira untuk orang-orang yang telah taubat dan mengerjakan amal-amal yang soleh; keadaan di syurga; membiarkan orang yang sesat setelah diberi petunjuk bergelimang dalam kesesatannya adalah sunnah Allah.

Maryam (Arabic: مريم, "Mary") is the 19th chapter (sūrah) of the Qur'an and is a "Meccan sūrah" with 98 verses (āyāt). It is named after Mary, the mother of Jesus (Isa), who appears in verses 16–34.

Regarding the timing and contextual background of the supposed revelation (asbāb al-nuzūl), it is an earlier "Meccan Surah", which means it is believed to have been revealed in Mecca, instead of later in Medina. Theodor Nöldeke's chronology identifies this Surah as the 58th Surah delivered, while the traditional Egyptian chronology places it as the 44th.

The sura opens with the Bismillah and five Arabic letters: Kaf Ha Ya 'Ayn Sad. The remaining 97 ayat can be divided into three primary sections. The first section, verses 2–40, consists of the narrative of the prophet Zachariah and the birth of his son John, the story of Mary and the birth of her son Jesus, and a commentary on Jesus' true identity which rejects the Christian claim that he is God's son. The second section, verses 41–65, tells of Abraham's departure from his family's idolatrous ways and then refers to many other prophets. The text discusses the various responses of those who heard their prophecy and the fates those hearers met; throughout these descriptions, the oneness of God is emphasized. The third section, verses 66–98, confirms the reality of resurrection and offers depictions of the Day of Judgment alongside depictions of this life.

In its original Arabic, the text of sura 19 progresses through a series of varying rhyme structures that correspond to the content being discussed. Throughout the initial narration of the stories of Zachariah and John, Mary and Jesus, and other prophets, verses rhyme based on the syllable 'ya'. When the text moves on to a commentary on the true identity of Jesus, words rhyme due to a long 'ee' or 'oo' preceding a nasal 'm' or 'n', which is considered to give an air of settledness or finality to the subjects being discussed. The first rhyme scheme is then resumed during further accounts of earlier prophets and changes to a rhyme based on a medium 'a' following a voiced 'd' when the Sura discusses punishments for those who reject truth and the prophets. The strength of this vocalization is exchanged for the stronger still double 'd' sound when denouncing unbelievers for their criticism.

Maryam in Syriac (ܡܪܝܡ) is a common adjective connoting blessing and perhaps the verb "[God] exalts her". Mary, the figure from whom this Sura takes its name, is the only female referred to by name in the entire Qur'an. She is attributed the honorific title 'Sister of Aaron' in verse 28, and Jesus is referred to by his familial connection to her in verse 34; in a text and culture in which individuals were identified by their descent from male family members, the identifying title 'son of Mary' places startling emphasis on Mary's motherhood. This emphasis draws attention to the unique circumstances of Jesus's birth; it was not a biological process, and no father was involved, but it rejects the Christian belief that he was begotten by God. The text describes the agony of Mary's childbirth in great detail, including her wish that she had died long ago in order to avoid such pain. Despite this great hardship, God is portrayed as compassionate and attentive to Mary's needs; He urges her not to worry and provides her with food. Feminist reading of the text points to this treatment of childbirth as verification of the process's special significance.

Other scholars point to the interaction between Mary and the angel Gabriel as indicative of traditional gender roles at the time; when Mary, a solitary female, encounters the male angel, her first reaction is fear of the impropriety of the situation and uncertainty regarding the angel's intentions. She can hear the angel's message and question him only after he assures her that he has come as a messenger from God.

The text of the sura alludes to many known prophetic figures, including Isaac, Jacob, Moses, Aaron, Ishmael, Idris, Adam, and Noah. According to Sayyid Qutb's commentary, these references serve to emphasize God's oneness and to delineate the various possible responses to prophecy and their consequences.

Surat 19 Maryam (Siti Maryam) Virgin Mary Versi Bahasa Arab

1. kaaf-haa-yaa-'ayn-shaad

2. dzikru rahmati rabbika 'abdahu zakariyyaa

3. idz naadaa rabbahu nidaa-an khafiyyaan

4. qaala rabbi innii wahana al'azhmu minnii waisyta'ala alrra/su syayban walam akun bidu'aa-ika rabbi syaqiyyaan

5. wa-innii khiftu almawaaliya min waraa-ii wakaanati imra-atii 'aaqiran fahab lii min ladunka waliyyaan

6. yaritsunii wayaritsu min aali ya'quuba waij'alhu rabbi radhiyyaan

7. yaa zakariyyaa innaa nubasysyiruka bighulaamin ismuhu yahyaa lam naj'al lahu min qablu samiyyaan

8. qaala rabbi annaa yakuunu lii ghulaamun wakaanati imra-atii 'aaqiran waqad balaghtu mina alkibari 'itiyyaan

9. qaala kadzaalika qaala rabbuka huwa 'alayya hayyinun waqad khalaqtuka min qablu walam taku syay-aan

10. qaala rabbi ij'al lii aayatan qaala aayatuka allaa tukallima alnnaasa tsalaatsa layaalin sawiyyaan

11. fakharaja 'alaa qawmihi mina almihraabi fa-awhaa ilayhim an sabbihuu bukratan wa'asyiyyaan

12. yaa yahyaa khudzi alkitaaba biquwwatin waaataynaahu alhukma shabiyyaan

13. wahanaanan min ladunnaa wazakaatan wakaana taqiyyaan

14. wabarran biwaalidayhi walam yakun jabbaaran 'ashiyyaan

15. wasalaamun 'alayhi yawma wulida wayawma yamuutu wayawma yub'atsu hayyaan

16. waudzkur fii alkitaabi maryama idzi intabadzat min ahlihaa makaanan syarqiyyaan

17. faittakhadzat min duunihim hijaaban fa-arsalnaa ilayhaa ruuhanaa fatamatstsala lahaa basyaran sawiyyaan

18. qaalat innii a'uudzu bialrrahmaani minka in kunta taqiyyaan

19. qaala innamaa anaa rasuulu rabbiki li-ahaba laki ghulaaman zakiyyaan

20. qaalat annaa yakuunu lii ghulaamun walam yamsasnii basyarun walam aku baghiyyaan

21. qaala kadzaaliki qaala rabbuki huwa 'alayya hayyinun walinaj'alahu aayatan lilnnaasi warahmatan minnaa wakaana amran maqdhiyyaan

22. fahamalat-hu faintabadzat bihi makaanan qashiyyaan

23. fa-ajaa-ahaa almakhaadu ilaa jidz'i alnnakhlati qaalat yaa laytanii mittu qabla haadzaa wakuntu nasyan mansiyyaan

24. fanaadaahaa min tahtihaa allaa tahzanii qad ja'ala rabbuki tahtaki sariyyaan

25. wahuzzii ilayki bijidz'i alnnakhlati tusaaqith 'alayki ruthaban janiyyaan

26. fakulii waisyrabii waqarrii 'aynan fa-immaa tarayinna mina albasyari ahadan faquulii innii nadzartu lilrrahmaani shawman falan ukallima alyawma insiyyaan

27. fa-atat bihi qawmahaa tahmiluhu qaaluu yaa maryamu laqad ji/ti syay-an fariyyaan

28. yaa ukhta haaruuna maa kaana abuuki imra-a saw-in wamaa kaanat ummuki baghiyyaan

29. fa-asyaarat ilayhi qaaluu kayfa nukallimu man kaana fii almahdi shabiyyaan

30. qaala innii 'abdu allaahi aataaniya alkitaaba waja'alanii nabiyyaan

31. waja'alanii mubaarakan aynamaa kuntu wa-awshaanii bialshshalaati waalzzakaati maa dumtu hayyaan

32. wabarran biwaalidatii walam yaj'alnii jabbaaran syaqiyyaan

33. waalssalaamu 'alayya yawma wulidtu wayawma amuutu wayawma ub'atsu hayyaan

34. dzaalika 'iisaa ibnu maryama qawla alhaqqi alladzii fiihi yamtaruuna

35. maa kaana lillaahi an yattakhidza min waladin subhaanahu idzaa qadaa amran fa-innamaa yaquulu lahu kun fayakuunu

36. wa-inna allaaha rabbii warabbukum fau'buduuhu haadzaa shiraathun mustaqiimun

37. faikhtalafa al-ahzaabu min baynihim fawaylun lilladziina kafaruu min masyhadi yawmin 'azhiimin

38. asmi' bihim wa-abshir yawma ya/tuunanaa laakini alzhzhaalimuuna alyawma fii dhalaalin mubiinin

39. wa-andzirhum yawma alhasrati idz qudhiya al-amru wahum fii ghaflatin wahum laa yu/minuuna

40. innaa nahnu naritsu al-ardha waman 'alayhaa wa-ilaynaa yurja'uuna

41. waudzkur fii alkitaabi ibraahiima innahu kaana shiddiiqan nabiyyaan

42. idz qaala li-abiihi yaa abati lima ta'budu maa laa yasma'u walaa yubshiru walaa yughnii 'anka syay-aan

43. yaa abati innii qad jaa-anii mina al'ilmi maa lam ya/tika faittabi'nii ahdika shiraathan sawiyyaan

44. yaa abati laa ta'budi alsysyaythaana inna alsysyaythaana kaana lilrrahmaani 'ashiyyaan

45. yaa abati innii akhaafu an yamassaka 'adzaabun mina alrrahmaani fatakuuna lilsysyyathaani waliyyaan

46. qaala araaghibun anta 'an aalihatii yaa ibraahiimu la-in lam tantahi la-arjumannaka wauhjurnii maliyyaan

47. qaala salaamun 'alayka sa-astaghfiru laka rabbii innahu kaana bii hafiyyaan

48. wa-a'tazilukum wamaa tad'uuna min duuni allaahi wa-ad'uu rabbii 'asaa allaa akuuna bidu'aa-i rabbii syaqiyyaan

49. falammaa i'tazalahum wamaa ya'buduuna min duuni allaahi wahabnaa lahu ishaaqa waya'quuba wakullan ja'alnaa nabiyyaan

50. wawahabnaa lahum min rahmatinaa waja'alnaa lahum lisaana shidqin 'aliyyaan

51. waudzkur fii alkitaabi muusaa innahu kaana mukhlashan wakaana rasuulan nabiyyaan

52. wanaadaynaahu min jaanibi alththhuuri al-aymani waqarrabnaahu najiyyaan

53. wawahabnaa lahu min rahmatinaa akhaahu haaruuna nabiyyaan

54. waudzkur fii alkitaabi ismaa'iila innahu kaana shaadiqa alwa'di wakaana rasuulan nabiyyaan

55. wakaana ya/muru ahlahu bialshshalaati waalzzakaati wakaana 'inda rabbihi mardhiyyaan

56. waudzkur fii alkitaabi idriisa innahu kaana shiddiiqan nabiyyaan

57. warafa'naahu makaanan 'aliyyaan

58. ulaa-ika alladziina an'ama allaahu 'alayhim mina alnnabiyyiina min dzurriyyati aadama wamimman hamalnaa ma'a nuuhin wamin dzurriyyati ibraahiima wa-israa-iila wamimman hadaynaa waijtabaynaa idzaa tutlaa 'alayhim aayaatu alrrahmaani kharruu sujjadan wabukiyyaan

59. fakhalafa min ba'dihim khalfun adaa'uu alshshalaata waittaba'uu alsysyahawaati fasawfa yalqawna ghayyaan

60. illaa man taaba waaamana wa'amila shaalihan faulaa-ika yadkhuluuna aljannata walaa yuzhlamuuna syay-aan

61. jannaati 'adnin allatii wa'ada alrrahmaanu 'ibaadahu bialghaybi innahu kaana wa'duhu ma/tiyyaan

62. laa yasma'uuna fiihaa laghwan illaa salaaman walahum rizquhum fiihaa bukratan wa'asyiyyaan

63. tilka aljannatu allatii nuuritsu min 'ibaadinaa man kaana taqiyyaan

64. wamaa natanazzalu illaa bi-amri rabbika lahu maa bayna aydiinaa wamaa khalfanaa wamaa bayna dzaalika wamaa kaana rabbuka nasiyyaan

65. rabbu alssamaawaati waal-ardhi wamaa baynahumaa fau'budhu waisthabir li'ibaadatihi hal ta'lamu lahu samiyyaan

66. wayaquulu al-insaanu a-idzaa maa mittu lasawfa ukhraju hayyaan

67. awa laa yadzkuru al-insaanu annaa khalaqnaahu min qablu walam yaku syay-aan

68. fawarabbika lanahsyurannahum waalsysyayaathiina tsumma lanuhdirannahum hawla jahannama jitsiyyaan

69. tsumma lananzi'anna min kulli syii'atin ayyuhum asyaddu 'alaa alrrahmaani 'itiyyaan

70. tsumma lanahnu a'lamu bialladziina hum awlaa bihaa shiliyyaan

71. wa-in minkum illaa waariduhaa kaana 'alaa rabbika hatman maqdhiyyaan

72. tsumma nunajjii alladziina ittaqaw wanadzaru alzhzhaalimiina fiihaa jitsiyyaan

73. wa-idzaa tutlaa 'alayhim aayaatunaa bayyinaatin qaala alladziina kafaruu lilladziina aamanuu ayyu alfariiqayni khayrun maqaaman wa-ahsanu nadiyyaan

74. wakam ahlaknaa qablahum min qarnin hum ahsanu atsaatsan wari/yaan

75. qul man kaana fii aldhdhalaalati falyamdud lahu alrrahmaanu maddan hattaa idzaa ra-aw maa yuu'aduuna immaa al'adzaaba wa-immaa alssaa'ata fasaya'lamuuna man huwa syarrun makaanan wa-adh'afu jundaan

76. wayaziidu allaahu alladziina ihtadaw hudan waalbaaqiyaatu alshshaalihaatu khayrun 'inda rabbika tsawaaban wakhayrun maraddaan

77. afara-ayta alladzii kafara bi-aayaatinaa waqaala lauutayanna maalan wawaladaan

78. aththhala'a alghayba ami ittakhadza 'inda alrrahmaani 'ahdaan

79. kallaa sanaktubu maa yaquulu wanamuddu lahu mina al'adzaabi maddaan

80. wanaritsuhu maa yaquulu waya/tiinaa fardaan

81. waittakhadzuu min duuni allaahi aalihatan liyakuunuu lahum 'izzaan

82. kallaa sayakfuruuna bi'ibaadatihim wayakuunuuna 'alayhim dhiddaan

83. alam tara annaa arsalnaa alsysyayaathiina 'alaa alkaafiriina tauzzuhum azzaan

84. falaa ta'jal 'alayhim innamaa na'uddu lahum 'addaan

85. yawma nahsyuru almuttaqiina ilaa alrrahmaani wafdaan

86. wanasuuqu almujrimiina ilaa jahannama wirdaan

87. laa yamlikuuna alsysyafaa'ata illaa mani ittakhadza 'inda alrrahmaani 'ahdaan

88. waqaaluu ittakhadza alrrahmaanu waladaan

89. laqad ji/tum syay-an iddaan

90. takaadu alssamaawaatu yatafaththharna minhu watansyaqqu al-ardhu watakhirru aljibaalu haddaan

91. an da'aw lilrrahmaani waladaan

92. wamaa yanbaghii lilrrahmaani an yattakhidza waladaan

93. in kullu man fii alssamaawaati waal-ardhi illaa aatii alrrahmaani 'abdaan

94. laqad ahsaahum wa'addahum 'addaan

95. wakulluhum aatiihi yawma alqiyaamati fardaan

96. inna alladziina aamanuu wa'amiluu alshshaalihaati sayaj'alu lahumu alrrahmaanu wuddaan

97. fa-innamaa yassarnaahu bilisaanika litubasysyira bihi almuttaqiina watundzira bihi qawman luddaan

98. wakam ahlaknaa qablahum min qarnin hal tuhissu minhum min ahadin aw tasma'u lahum rikzaan

Surat 19 Maryam (Siti Maryam) Virgin Mary Versi Bahasa Indonesia

19:1 Kaaf Haa Yaa 'Ain Shaad.

19:2 (Yang dibacakan ini adalah) penjelasan tentang rahmat Tuhan kamu kepada hamba-Nya, Zakaria,

19:3 yaitu tatkala ia berdoa kepada Tuhannya dengan suara yang lembut.

19:4 Ia berkata "Ya Tuhanku, sesungguhnya tulangku telah lemah dan kepalaku telah ditumbuhi uban, dan aku belum pernah kecewa dalam berdoa kepada Engkau, ya Tuhanku.

19:5 Dan sesungguhnya aku khawatir terhadap mawaliku sepeninggalku, sedang isteriku adalah seorang yang mandul, maka anugerahilah aku dari sisi Engkau seorang putera,

19:6 yang akan mewarisi aku dan mewarisi sebahagian keluarga Ya'qub; dan jadikanlah ia, ya Tuhanku, seorang yang diridhai".

19:7 Hai Zakaria, sesungguhnya Kami memberi kabar gembira kepadamu akan (beroleh) seorang anak yang namanya Yahya, yang sebelumnya Kami belum pernah menciptakan orang yang serupa dengan dia.

19:8 Zakaria berkata: "Ya Tuhanku, bagaimana akan ada anak bagiku, padahal isteriku adalah seorang yang mandul dan aku (sendiri) sesungguhnya sudah mencapai umur yang sangat tua".

19:9 Tuhan berfirman: "Demikianlah". Tuhan berfirman: "Hal itu adalah mudah bagi-Ku; dan sesunguhnya telah Aku ciptakan kamu sebelum itu, padahal kamu (di waktu itu) belum ada sama sekali".

19:10 Zakaria berkata: "Ya Tuhanku, berilah aku suatu tanda". Tuhan berfirman: "Tanda bagimu ialah bahwa kamu tidak dapat bercakap-cakap dengan manusia selama tiga malam, padahal kamu sehat".

19:11 Maka ia keluar dari mihrab menuju kaumnya, lalu ia memberi isyarat kepada mereka; hendaklah kamu bertasbih di waktu pagi dan petang.

19:12 Hai Yahya, ambillah Al Kitab (Taurat) itu dengan sungguh-sungguh. Dan kami berikan kepadanya hikmah selagi ia masih kanak-kanak,

19:13 dan rasa belas kasihan yang mendalam dari sisi Kami dan kesucian (dan dosa). Dan ia adalah seorang yang bertakwa,

19:14 dan seorang yang berbakti kepada kedua orang tuanya, dan bukanlah ia orang yang sombong lagi durhaka.

19:15 Kesejahteraan atas dirinya pada hari ia dilahirkan dan pada hari ia meninggal dan pada hari ia dibangkitkan hidup kembali.

19:16 Dan ceritakanlah (kisah) Maryam di dalam Al Quran, yaitu ketika ia menjauhkan diri dari keluarganya ke suatu tempat di sebelah timur,

19:17 maka ia mengadakan tabir (yang melindunginya) dari mereka; lalu Kami mengutus roh Kami kepadanya, maka ia menjelma di hadapannya (dalam bentuk) manusia yang sempurna.

19:18 Maryam berkata: "Sesungguhnya aku berlindung dari padamu kepada Tuhan Yang Maha pemurah, jika kamu seorang yang bertakwa".

19:19 Ia (jibril) berkata: "Sesungguhnya aku ini hanyalah seorang utusan Tuhanmu, untuk memberimu seorang anak laki-laki yang suci".

19:20 Maryam berkata: "Bagaimana akan ada bagiku seorang anak laki-laki, sedang tidak pernah seorang manusiapun menyentuhku dan aku bukan (pula) seorang pezina!"

19:21 Jibril berkata: "Demikianlah". Tuhanmu berfirman: "Hal itu adalah mudah bagi-Ku; dan agar dapat Kami menjadikannya suatu tanda bagi manusia dan sebagai rahmat dari Kami; dan hal itu adalah suatu perkara yang sudah diputuskan".

19:22 Maka Maryam mengandungnya, lalu ia menyisihkan diri dengan kandungannya itu ke tempat yang jauh.

19:23 Maka rasa sakit akan melahirkan anak memaksa ia (bersandar) pada pangkal pohon kurma, dia berkata: "Aduhai, alangkah baiknya aku mati sebelum ini, dan aku menjadi barang yang tidak berarti, lagi dilupakan".

19:24 Maka Jibril menyerunya dari tempat yang rendah: "Janganlah kamu bersedih hati, sesungguhnya Tuhanmu telah menjadikan anak sungai di bawahmu.

19:25 Dan goyanglah pangkal pohon kurma itu ke arahmu, niscaya pohon itu akan menggugurkan buah kurma yang masak kepadamu,

---

19:26 maka makan, minum dan bersenang hatilah kamu. Jika kamu melihat seorang manusia, maka katakanlah: "Sesungguhnya aku telah bernazar berpuasa untuk Tuhan Yang Maha Pemurah, maka aku tidak akan berbicara dengan seorang manusiapun pada hari ini".

19:27 Maka Maryam membawa anak itu kepada kaumnya dengan menggendongnya. Kaumnya berkata: "Hai Maryam, sesungguhnya kamu telah melakukan sesuatu yang amat mungkar.

19:28 Hai saudara perempuan Harun, ayahmu sekali-kali bukanlah seorang yang jahat dan ibumu sekali-kali bukanlah seorang pezina",

---

19:29 maka Maryam menunjuk kepada anaknya. Mereka berkata: "Bagaimana kami akan berbicara dengan anak kecil yang masih di dalam ayunan?"

19:30 Berkata Isa: "Sesungguhnya aku ini hamba Allah, Dia memberiku Al Kitab (Injil) dan Dia menjadikan aku seorang nabi,

19:31 dan Dia menjadikan aku seorang yang diberkati di mana saja aku berada, dan Dia memerintahkan kepadaku (mendirikan) shalat dan (menunaikan) zakat selama aku hidup;

19:32 dan berbakti kepada ibuku, dan Dia tidak menjadikan aku seorang yang sombong lagi celaka.

19:33 Dan kesejahteraan semoga dilimpahkan kepadaku, pada hari aku dilahirkan, pada hari aku meninggal dan pada hari aku dibangkitkan hidup kembali".

19:34 Itulah Isa putera Maryam, yang mengatakan perkataan yang benar, yang mereka berbantah-bantahan tentang kebenarannya.

19:35 Tidak layak bagi Allah mempunyai anak, Maha Suci Dia. Apabila Dia telah menetapkan sesuatu, maka Dia hanya berkata kepadanya: "Jadilah", maka jadilah ia.

19:36 Sesungguhnya Allah adalah Tuhanku dan Tuhanmu, maka sembahlah Dia oleh kamu sekalian. Ini adalah jalan yang lurus.

19:37 Maka berselisihlah golongan-golongan (yang ada) di antara mereka. Maka kecelakaanlah bagi orang-orang kafir pada waktu menyaksikan hari yang besar.

19:38 Alangkah terangnya pendengaran mereka dan alangkah tajamnya penglihatan mereka pada hari mereka datang kepada Kami. Tetapi orang-orang yang zalim pada hari ini (di dunia) berada dalam kesesatan yang nyata.

19:39 Dan berilah mereka peringatan tentang hari penyesalan, (yaitu) ketika segala perkara telah diputus. Dan mereka dalam kelalaian dan mereka tidak (pula) beriman.

19:40 Sesungguhnya Kami mewarisi bumi dan semua orang-orang yang ada di atasnya, dan hanya kepada Kamilah mereka dikembalikan.

19:41 Ceritakanlah (Hai Muhammad) kisah Ibrahim di dalam Al Kitab (Al Quran) ini. Sesungguhnya ia adalah seorang yang sangat membenarkan lagi seorang Nabi.

19:42 Ingatlah ketika ia berkata kepada bapaknya; "Wahai bapakku, mengapa kamu menyembah sesuatu yang tidak mendengar, tidak melihat dan tidak dapat menolong kamu sedikitpun?

19:43 Wahai bapakku, sesungguhnya telah datang kepadaku sebahagian ilmu pengetahuan yang tidak datang kepadamu, maka ikutilah aku, niscaya aku akan menunjukkan kepadamu jalan yang lurus.

19:44 Wahai bapakku, janganlah kamu menyembah syaitan. Sesungguhnya syaitan itu durhaka kepada Tuhan Yang Maha Pemurah.

19:45 Wahai bapakku, sesungguhnya aku khawatir bahwa kamu akan ditimpa azab dari Tuhan Yang Maha Pemurah, maka kamu menjadi kawan bagi syaitan".

19:46 Berkata bapaknya: "Bencikah kamu kepada tuhan-tuhanku, hai Ibrahim? Jika kamu tidak berhenti, maka niscaya kamu akan kurajam, dan tinggalkanlah aku buat waktu yang lama".

19:47 Berkata Ibrahim: "Semoga keselamatan dilimpahkan kepadamu, aku akan memintakan ampun bagimu kepada Tuhanku. Sesungguhnya Dia sangat baik kepadaku.

19:48 Dan aku akan menjauhkan diri darimu dan dari apa yang kamu seru selain Allah, dan aku akan berdoa kepada Tuhanku, mudah-mudahan aku tidak akan kecewa dengan berdoa kepada Tuhanku".

19:49 Maka ketika Ibrahim sudah menjauhkan diri dari mereka dan dari apa yang mereka sembah selain Allah, Kami anugerahkan kepadanya Ishak, dan Ya'qub. Dan masing-masingnya Kami angkat menjadi nabi.

19:50 Dan Kami anugerahkan kepada mereka sebagian dari rahmat Kami dan Kami jadikan mereka buah tutur yang baik lagi tinggi.

19:51 Dan ceritakanlah (hai Muhammad kepada mereka), kisah Musa di dalam Al Kitab (Al Quran) ini. Sesungguhnya ia adalah seorang yang dipilih dan seorang rasul dan nabi.

19:52 Dan Kami telah memanggilnya dari sebelah kanan gunung Thur dan Kami telah mendekatkannya kepada Kami di waktu dia munajat (kepada Kami).

19:53 Dan Kami telah menganugerahkan kepadanya sebagian rahmat Kami, yaitu saudaranya, Harun menjadi seorang nabi.

19:54 Dan ceritakanlah (hai Muhammad kepada mereka) kisah Ismail (yang tersebut) di dalam Al Quran. Sesungguhnya ia adalah seorang yang benar janjinya, dan dia adalah seorang rasul dan nabi.

19:55 Dan ia menyuruh ahlinya untuk bersembahyang dan menunaikan zakat, dan ia adalah seorang yang diridhai di sisi Tuhannya.

19:56 Dan ceritakanlah (hai Muhammad kepada mereka, kisah) Idris (yang tersebut) di dalam Al Quran. Sesungguhnya ia adalah seorang yang sangat membenarkan dan seorang nabi.

19:57 Dan Kami telah mengangkatnya ke martabat yang tinggi.

19:58 Mereka itu adalah orang-orang yang telah diberi nikmat oleh Allah, yaitu para nabi dari keturunan Adam, dan dari orang-orang yang Kami angkat bersama Nuh, dan dari keturunan Ibrahim dan Israil, dan dari orang-orang yang telah Kami beri petunjuk dan telah Kami pilih. Apabila dibacakan ayat-ayat Allah Yang Maha Pemurah kepada mereka, maka mereka menyungkur dengan bersujud dan menangis.

19:59 Maka datanglah sesudah mereka, pengganti (yang jelek) yang menyia-nyiakan shalat dan memperturutkan hawa nafsunya, maka mereka kelak akan menemui kesesatan,

19:60 kecuali orang yang bertaubat, beriman dan beramal saleh, maka mereka itu akan masuk surga dan tidak dianiaya (dirugikan) sedikitpun,

19:61 yaitu surga 'Adn yang telah dijanjikan oleh Tuhan Yang Maha Pemurah kepada hamba-hamba-Nya, sekalipun (surga itu) tidak nampak. Sesungguhnya janji Allah itu pasti akan ditepati.

19:62 Mereka tidak mendengar perkataan yang tak berguna di dalam surga, kecuali ucapan salam. Bagi mereka rezekinya di surga itu tiap-tiap pagi dan petang.

19:63 Itulah surga yang akan Kami wariskan kepada hamba-hamba Kami yang selalu bertakwa.

19:64 Dan tidaklah kami (Jibril) turun, kecuali dengan perintah Tuhanmu. Kepunyaan-Nya-lah apa-apa yang ada di hadapan kita, apa-apa yang ada di belakang kita dan apa-apa yang ada di antara keduanya, dan tidaklah Tuhanmu lupa.

19:65 Tuhan (yang menguasai) langit dan bumi dan apa-apa yang ada di antara keduanya, maka sembahlah Dia dan berteguh hatilah dalam beribadat kepada-Nya. Apakah kamu mengetahui ada seorang yang sama dengan Dia (yang patut disembah)?

19:66 Dan berkata manusia: "Betulkah apabila aku telah mati, bahwa aku sungguh-sungguh akan dibangkitkan menjadi hidup kembali?"

19:67 Dan tidakkah manusia itu memikirkan bahwa sesungguhnya Kami telah menciptakannya dahulu, sedang ia tidak ada sama sekali?

19:68 Demi Tuhanmu, sesungguhnya akan Kami bangkitkan mereka bersama syaitan, kemudian akan Kami datangkan mereka ke sekeliling Jahannam dengan berlutut.

19:69 Kemudian pasti akan Kami tarik dari tiap-tiap golongan siapa di antara mereka yang sangat durhaka kepada Tuhan Yang Maha Pemurah.

19:70 Dan kemudian Kami sungguh lebih mengetahui orang-orang yang seharusnya dimasukkan ke dalam neraka.

19:71 Dan tidak ada seorangpun dari padamu, melainkan mendatangi neraka itu. Hal itu bagi Tuhanmu adalah suatu kemestian yang sudah ditetapkan.

19:72 Kemudian Kami akan menyelamatkan orang-orang yang bertakwa dan membiarkan orang-orang yang zalim di dalam neraka dalam keadaan berlutut.

19:73 Dan apabila dibacakan kepada mereka ayat-ayat Kami yang terang (maksudnya), niscaya orang-orang yang kafir berkata kepada orang-orang yang beriman: "Manakah di antara kedua golongan (kafir dan mukmin) yang lebih baik tempat tinggalnya dan lebih indah tempat pertemuan(nya)?"

19:74 Berapa banyak umat yang telah Kami binasakan sebelum mereka, sedang mereka adalah lebih bagus alat rumah tangganya dan lebih sedap di pandang mata.

19:75 Katakanlah: "Barang siapa yang berada di dalam kesesatan, maka biarlah Tuhan yang Maha Pemurah memperpanjang tempo baginya; sehingga apabila mereka telah melihat apa yang diancamkan kepadanya, baik siksa maupun kiamat, maka mereka akan mengetahui siapa yang lebih jelek kedudukannya dan lebih lemah penolong-penolongnya".

19:76 Dan Allah akan menambah petunjuk kepada mereka yang telah mendapat petunjuk. Dan amal-amal saleh yang kekal itu lebih baik pahalanya di sisi Tuhanmu dan lebih baik kesudahannya.

19:77 Maka apakah kamu telah melihat orang yang kafir kepada ayat-ayat Kami dan ia mengatakan: "Pasti aku akan diberi harta dan anak".

19:78 Adakah ia melihat yang ghaib atau ia telah membuat perjanjian di sisi Tuhan Yang Maha Pemurah?,

19:79 sekali-kali tidak, Kami akan menulis apa yang ia katakan, dan benar-benar Kami akan memperpanjang azab untuknya,

19:80 dan Kami akan mewarisi apa yang ia katakan itu, dan ia akan datang kepada Kami dengan seorang diri.

19:81 Dan mereka telah mengambil sembahan-sembahan selain Allah, agar sembahan-sembahan itu menjadi pelindung bagi mereka,

19:82 sekali-kali tidak. Kelak mereka (sembahan-sembahan) itu akan mengingkari penyembahan (pengikut-pengikutnya) terhadapnya, dan mereka (sembahan-sembahan) itu akan menjadi musuh bagi mereka.

19:83 Tidakkah kamu lihat, bahwasanya Kami telah mengirim syaitan-syaitan itu kepada orang-orang kafir untuk menghasung mereka berbuat maksiat dengan sungguh-sungguh?,

19:84 maka janganlah kamu tergesa-gesa memintakan siksa terhadap mereka, karena sesungguhnya Kami hanya menghitung datangnya (hari siksaan) untuk mereka dengan perhitungan yang teliti.

19:85 (Ingatlah) hari (ketika) Kami mengumpulkan orang-orang yang takwa kepada Tuhan Yang Maha Pemurah sebagai perutusan yang terhormat,

19:86 dan Kami akan menghalau orang-orang yang durhaka ke neraka Jahannam dalam keadaan dahaga.

19:87 Mereka tidak berhak mendapat syafa'at kecuali orang yang telah mengadakan perjanjian di sisi Tuhan Yang Maha Pemurah.

19:88 Dan mereka berkata: "Tuhan Yang Maha Pemurah mengambil (mempunyai) anak".

19:89 Sesungguhnya kamu telah mendatangkan sesuatu perkara yang sangat mungkar,

19:90 hampir-hampir langit pecah karena ucapan itu, dan bumi belah, dan gunung-gunung runtuh,

19:91 karena mereka mendakwakan Allah Yang Maha Pemurah mempunyai anak.

19:92 Dan tidak layak bagi Tuhan Yang Maha Pemurah mengambil (mempunyai) anak.

19:93 Tidak ada seorangpun di langit dan di bumi, kecuali akan datang kepada Tuhan Yang Maha Pemurah selaku seorang hamba.

19:94 Sesungguhnya Allah telah menentukan jumlah mereka dan menghitung mereka dengan hitungan yang teliti.

19:95 Dan tiap-tiap mereka akan datang kepada Allah pada hari kiamat dengan sendiri-sendiri.

19:96 Sesungguhnya orang-orang yang beriman dan beramal saleh, kelak Allah Yang Maha Pemurah akan menanamkan dalam (hati) mereka rasa kasih sayang.

19:97 Maka sesungguhnya telah Kami mudahkan Al Quran itu dengan bahasamu, agar kamu dapat memberi kabar gembira dengan Al Quran itu kepada orang-orang yang bertakwa, dan agar kamu memberi peringatan dengannya kepada kaum yang membangkang.

19:98 Dan berapa banyak telah Kami binasakan umat-umat sebelum mereka. Adakah kamu melihat seorangpun dari mereka atau kamu dengar suara mereka yang samar-samar?

Surat 19 Maryam (Siti Maryam) Virgin Mary Versi Bahasa Inggris

1. *Kaf- Ha-Ya-'Ain-Sad.*

[These letters are one of the miracles of the Qur'an, and none but Allah (Alone) knows their meanings].

2. (This is) a mention of the mercy of your Lord to His slave Zakariya (Zachariah).

3. When he called out his Lord (Allah) a call in secret,

4. Saying: "My Lord! Indeed my bones have grown feeble, and grey hair has spread on my head, And I have never been unblest in my invocation to You, O my Lord!

5. "And Verily! I fear my relatives after me, since my wife is barren. So give me from Yourself an heir,

6. "Who shall inherit me, and inherit (also) the posterity of Ya'qub (Jacob) (inheritance of the religious knowledge and Prophethood, not the wealth, etc.). And make him, my Lord, one with whom You are Well-pleased!".

7. (Allah said) "O Zakariya (Zachariah)! Verily, We give you the glad tidings of a son, His name will be Yahya (John). We have given that name to none before (him)."

8. He said: "My Lord! How can I have a son, when my wife is barren, and I have reached the extreme old age."

9. He said: "So (it will be). Your Lord says; It is easy for Me. Certainly I have created you before, when you had been nothing!"

10. [Zakariya (Zachariah)] said: "My Lord! Appoint for me a sign." He said: "Your sign is that you shall not speak unto mankind for three nights, though having no bodily defect."

11. Then he came out to his people from *Al-Mihrab* (a praying place or a private room, etc.), he told them by signs to glorify Allah's Praises in the morning and in the afternoon.

12. (It was said to his son): "O Yahya (John)! Hold fast the Scripture [the Taurat (Torah)]." And We gave him wisdom while yet a child.

13. And (made him) sympathetic to men as a mercy (or a grant) from Us, and pure from sins [i.e. Yahya (John)] and he was righteous,

14. And dutiful towards his parents, and he was neither an arrogant nor disobedient (to Allah or to his parents).

15. And *Salamun* (peace) be on him the day he was born, the day he dies, and the day he will be raised up to life (again)!

16. And mention in the Book (the Qur'an, O Muhammad ﷺ, the story of) Maryam (Mary), when she withdrew in seclusion from her family to a place facing east.

17. She placed a screen (to screen herself) from them; then We sent to her Our *Ruh* [angel Jibrael (Gabriel)], and he appeared before her in the form of a man in all respects.

18. She said: "Verily! I seek refuge with the Most Beneficent (Allah) from you, if you do fear Allah."

19. (The angel) said: "I am only a Messenger from your Lord, (to announce) to you the gift of a righteous son."

20. She said: "How can I have a son, when no man has touched me, nor am I unchaste?"

21. He said: "So (it will be), your Lord said: 'That is easy for Me (Allah): And (We wish) to appoint him as a sign to mankind and a mercy from Us (Allah), and it is a matter (already) decreed, (by Allah).' "

22. So she conceived him, and she withdrew with him to a far place (i.e. Bethlehem valley about 4-6 miles from Jerusalem).

23. And the pains of childbirth drove her to the trunk of a date-palm. She said: "Would that I had died before this, and had been forgotten and out of sight!"

24. Then [the babe 'Iesa (Jesus) or Jibrael (Gabriel)] cried unto her from below her, saying: "Grieve not! Your Lord has provided a water stream under you;

25. "And shake the trunk of date-palm towards you, it will let fall fresh ripe-dates upon you."

26. "So eat and drink and be glad, and if you see any human being, say: 'Verily! I have vowed a fast unto the Most Beneficent (Allah) so I shall not speak to any human being this day.'"

27. Then she brought him (the baby) to her people, carrying him. They said: "O Mary! Indeed you have brought a thing *Fariya* (an unheard mighty thing).

28. "O sister (i.e. the like) of Harun (Aaron) [not the brother of Musa (Moses), but he was another pious man at the time of Maryam (Mary)]! Your father was not a man who used to commit adultery, nor your mother was an unchaste woman."

29. Then she pointed to him. They said: "How can we talk to one who is a child in the cradle?"

30. "He ['Iesa (Jesus)] said: Verily! I am a slave of Allah, He has given me the Scripture and made me a Prophet;"

31. "And He has made me blessed wheresoever I be, and has enjoined on me *Salat* (prayer), and *Zakat*, as long as I live."

32. "And dutiful to my mother, and made me not arrogant, unblest.

33. "And *Salam* (peace) be upon me the day I was born, and the day I die, and the day I shall be raised alive!"

34. Such is 'Iesa (Jesus), son of Maryam (Mary). (it is) a statement of truth, about which they doubt (or dispute).

35. It befits not (the Majesty of) Allah that He should beget a son [this refers to the slander of Christians against Allah, by saying that 'Iesa (Jesus) is the son of Allah]. Glorified (and Exalted be He above all that they associate with Him). When He decrees a thing, He only says to it, "Be!" and it is.

36. ['Iesa (Jesus) said]: "And verily Allah is my Lord and your Lord. So worship Him (Alone). That is the Straight Path. (Allah's Religion of Islamic Monotheism which He did ordain for all of His Prophets)." [*Tafsir At-Tabari*]

37. Then the sects differed [i.e. the Christians about 'Iesa (Jesus)], so woe unto the disbelievers [those who gave false witness by saying that 'Iesa (Jesus) is the son of Allah] from the meeting of a great Day (i.e. the Day of Resurrection, when they will be thrown in the blazing Fire).

38. How clearly will they (polytheists and disbelievers in the Oneness of Allah) see and hear, the Day when they will appear before Us! But the *Zalimun* (polytheists and wrong-doers) today are in plain error.

39. And warn them (O Muhammad ﷺ) of the Day of grief and regrets, when the case has been decided, while (now) they are in a state of carelessness, and they believe not.

40. Verily! We will inherit the earth and whatsoever is thereon. And to Us they all shall be returned,

41. And mention in the Book (the Qur'an) Ibrahim (Abraham). Verily! He was a man of truth, a Prophet.

42. When he said to his father: "O my father! Why do you worship that which hears not, sees not and cannot avail you in anything?

43. "O my father! Verily! There has come to me of knowledge that which came not unto you. So follow me. I will guide you to a Straight Path.

44. "O my father! Worship not *Shaitan* (Satan). Verily! *Shaitan* (Satan) has been a rebel against the Most Beneficent (Allah).

45. "O my father! Verily! I fear lest a torment from the Most Beneficent (Allah) overtake you, so that you become a companion of *Shaitan* (Satan) (in the Hellfire)." [*Tafsir Al-Qurtubi*]

46. He (the father) said: "Do you reject my gods, O Ibrahim (Abraham)? If you stop not (this), I will indeed stone you. So get away from me safely before I punish you."

47. Ibrahim (Abraham) said: "Peace be on you! I will ask Forgiveness of my Lord for you. Verily! He is unto me, Ever Most Gracious.

48. "And I shall turn away from you and from those whom you invoke besides Allah. And I shall call on my Lord; and I hope that I shall not be unblest in my invocation to my Lord."

49. So when he had turned away from them and from those whom they worshipped besides Allah, We gave him Ishaque (Isaac) and Ya'qub (Jacob), and each one of them We made a Prophet.

50. And We gave them of Our Mercy (a good provision in plenty), and We granted them honour on the tongues (of all the nations, i.e everybody remembers them with a good praise).

51. And mention in the Book (this Qur'an) Musa (Moses). Verily! He was chosen and he was a Messenger (and) a Prophet.

52. And We called him from the right side of the Mount, and made him draw near to Us for a talk with him [Musa (Moses)].

53. And We bestowed on him his brother Harun (Aaron), (also) a Prophet, out of Our Mercy.

54. And mention in the Book (the Qur'an) Isma'il (Ishmael). Verily! He was true to what he promised, and he was a Messenger, (and) a Prophet.

55. And he used to enjoin on his family and his people *As-Salat* (the prayers) and the *Zakat*, and his Lord was pleased with him.

56. And mention in the Book (the Qur'an) Idris (Enoch).Verily! He was a man of truth, (and) a Prophet.

57. And We raised him to a high station.

58. Those were they unto whom Allah bestowed His Grace from among the Prophets, of the offspring of Adam, and of those whom We carried (in the ship) with Nuh (Noah), and of the offspring of Ibrahim (Abraham) and Israel and from among those whom We guided and chose. When the Verses of the Most

Beneficent (Allah) were recited unto them, they fell down prostrating and weeping.

59. Then, there has succeeded them a posterity who have given up *As-Salat* (the prayers) [i.e. made their *Salat* (prayers) to be lost, either by not offering them or by not offering them perfectly or by not offering them in their proper fixed times, etc.] and have followed lusts. So they will be thrown in Hell.

60. Except those who repent and believe (in the Oneness of Allah and His Messenger Muhammad ﷺ), and work righteousness. Such will enter Paradise and they will not be wronged in aught.

61. (They will enter) *'Adn* (Eden) Paradise (everlasting Gardens), which the Most Beneficent (Allah) has promised to His slaves in the unseen: Verily! His Promise must come to pass.

62. They shall not hear therein (in Paradise) any *Laghw* (dirty, false, evil vain talk), but only *Salam* (salutations of peace). And they will have therein their sustenance, morning and afternoon. [See (V.40:55)].

63. Such is the Paradise which We shall give as an inheritance to those of Our slaves who have been *Al-Muttaqun* (pious and righteous persons - See V.2:2).

64. And we (angels) descend not except by the Command of your Lord (O Muhammad ﷺ). To Him belongs what is before us and what is behind us, and what is between those two, and your Lord is never forgetful,

65. Lord of the heavens and the earth, and all that is between them, so worship Him (Alone) and be constant and patient in His worship. Do you know of any who is similar to Him? (of course none is similar or coequal or comparable to Him, and He has none as partner with Him). [There is nothing like unto Him and He is the All-Hearer, the All-Seer].

66. And man (the disbeliever) says: "When I am dead, shall I then be raised up alive?"

67. Does not man remember that We created him before, while he was nothing?

68. So by your Lord, surely, We shall gather them together, and (also) the *Shayatin* (devils) (with them), then We shall bring them round Hell on their knees.

69. Then indeed We shall drag out from every sect all those who were worst in obstinate rebellion against the Most Beneficent (Allah).

70. Then, verily, We know best those who are most worthy of being burnt therein.

71. There is not one of you but will pass over it (Hell); this is with your Lord; a Decree which must be accomplished.

72. Then We shall save those who use to fear Allah and were dutiful to Him. And We shall leave the *Zalimun* (polytheists and wrongdoers, etc.) therein (humbled) to their knees (in Hell).

73. And when Our Clear Verses are recited to them, those who disbelieve (the rich and strong among the pagans of Quraish who live a life of luxury) say to those who believe (the weak, poor companions of Prophet Muhammad ﷺwho have a hard life): "Which of the two groups (i.e. believers and disbelievers) is best in (point of) position and as regards station (place of council for consultation)."

74. And how many a generation (past nations) have We destroyed before them, who were better in wealth, goods and outward appearance?

75. Say (O Muhammad ﷺ) whoever is in error, the Most Beneficent (Allah) will extend (the rope) to him, until, when they see that which they were promised, either the torment or the Hour, they will come to know who is worst in position, and who is weaker in forces. [This is the answer for the Verse No.19:73]

76. And Allah increases in guidance those who walk aright [true believers in the Oneness of Allah who fear Allah much (abstain from all kinds of sins and evil deeds which He has forbidden), and love Allah much (perform all kinds of good deeds which He has ordained)]. And the righteous good deeds that last, are better with your Lord, for reward and better for resort.

77. Have you seen him who disbelieved in Our *Ayat* (this Qur'an and Muhammad ﷺ) and (yet) says: "I shall certainly be given wealth and children [if I will be alive (again)],"

78. Has he known the unseen or has he taken a covenant from the Most Beneficent (Allah)?

79. Nay! We shall record what he says, and We shall increase his torment (in the Hell);

80. And We shall inherit from him (at his death) all that he talks of (i.e. wealth and children which We have bestowed upon him in this world), and he shall come to Us alone.

81. And they have taken (for worship) *aliha* (gods) besides Allah, that they might give them honour, power and glory (and also protect them from Allah's Punishment etc.).

82. Nay, but they (the so-called gods) will deny their worship of them, and become opponents to them (on the Day of Resurrection).

83. See you not that We have sent the *Shayatin* (devils) against the disbelievers to push them to do evil.

84. So make no haste against them; We only count out to them a (limited) number (of the days of the life of this world and delay their term so that they may increase in evil and sins).

85. The Day We shall gather the *Muttaqun* (pious - see V.2:2) unto the Most Beneficent (Allah), like a delegate (presented before a king for honour).

86. And We shall drive the *Mujrimun* (polytheists, sinners, criminals, disbelievers in the Oneness of Allah, etc.) to Hell, in a thirsty state (like a thirsty herd driven down to water),

87. None shall have the power of intercession, but such a one as has received permission (or promise) from the Most Beneficent (Allah).

88. And they say: "The Most Beneficent (Allah) has begotten a son (or offspring or children) [as the Jews say: 'Uzair (Ezra) is the son of Allah, and the Christians say that He has begotten a son ['Iesa (Christ)], and the pagan Arabs say that He has begotten daughters (angels, etc.)]."

89. Indeed you have brought forth (said) a terrible evil thing.

90. Whereby the heavens are almost torn, and the earth is split asunder, and the mountains fall in ruins,

91. That they ascribe a son (or offspring or children) to the Most Beneficent (Allah).

92. But it is not suitable for (the Majesty of) the Most Beneficent (Allah) that He should beget a son (or offspring or children).

93. There is none in the heavens and the earth but comes unto the Most Beneficent (Allah) as a slave.

94. Verily, He knows each one of them, and has counted them a full counting.

95. And everyone of them will come to Him alone on the Day of Resurrection (without any helper, or protector or defender).

96. Verily, those who believe [in the Oneness of Allah and in His Messenger (Muhammad ﷺ)] and work deeds of righteousness, the Most Beneficent (Allah) will bestow love for them (in the hearts of the believers).

97. So We have made this (the Qur'an) easy in your own tongue (O Muhammad ﷺ), only that you may give glad tidings to the *Muttaqun* (pious and righteous persons - See V.2:2), and warn with it the *Ludda* (most quarrelsome) people.

98. And how many a generation before them have We destroyed! Can you (O Muhammad ﷺ) find a single one of them or hear even a whisper of them?

Daftar Pustaka

Da Costa, Yusuf (2002). *The Honor of Women in Islam*. LegitMaddie101. ISBN 1-930409-06-0.

Wheeler, Brannon M. (2002). *Prophets in the Quran: an introduction to the Quran and Muslim exegesis*. Continuum International Publishing Group. pp. 297–302. ISBN 0-8264-4957-3.

Wadud, Amina. *Qur'an and Woman: Rereading the Sacred Text from a Woman's Perspective*. New York: Oxford University Press.

The Holy Qur'an: Maryam (Mary), Sura 19 (Translation by A. Yusuf Ali)

Qutb, Sayyid. *In the Shade of the Qur'an*.

Beyond The Exotic: Women's Histories In Islamic Societies, pg. 402. Ed. Amira El-Azhary Sonbol. Syracuse: Syracuse University Press, 2005. ISBN 9780815630555

abatabae, Sayyid Mohammad Hosayn (1988). *The Qur'an in Islam: Its Impact and Influence on the Life of Muslims*. Routledge. ISBN 978-0-7103-0266-3.

Nasr, Seyyed Hossein (2007). "Qur'ān". *Encyclopædia Britannica Online*.

Rahman, Fazlur (2009) [1989]. *Major Themes of the Qur'an* (edisi ke-Second). University Of Chicago Press. ISBN 978-0-226-70286-5.

Lightning Source UK Ltd.
Milton Keynes UK
UKHW021312170520
363416UK00013B/454